十三届全国人大二次会议《政府工作报告》学习辅导

坚持以供给侧结构性改革为主线

林兆木 著

中国言实出版社

图书在版编目（CIP）数据

坚持以供给侧结构性改革为主线 / 林兆木著 . -- 北京：中国言实出版社 , 2019.3
ISBN 978-7-5171-3100-7

Ⅰ . ①坚… Ⅱ . ①林… Ⅲ . ①中国经济－经济改革－研究
Ⅳ . ① F12

中国版本图书馆 CIP 数据核字（2019）第 055192 号

出 版 人：王昕朋
总 监 制：朱艳华
责任编辑：崔文婷

出版发行　**中国言实出版社**
地　址：北京市朝阳区北苑路 180 号加利大厦 5 号楼 105 室
邮　编：100101
编辑部：北京市海淀区北太平庄路甲 1 号
邮　编：100088
电　话：64924853（总编室）　64924716（发行部）
网　址：www.zgyscbs.cn
E-mail：zgyscbs@263.net

经　销　新华书店
印　刷　北京温林源印刷有限公司
版　次　2019 年 3 月第 1 版　　2019 年 3 月第 1 次印刷
规　格　850 毫米 ×1168 毫米　1/32　0.625 印张
字　数　8 千字
定　价　6.00 元　　ISBN 978-7-5171-3100-7

坚持以供给侧结构性改革为主线

李克强总理作的《政府工作报告》明确提出了2019年政府工作的总体要求、目标任务和政策举措。其中提出："要继续坚持以供给侧结构性改革为主线，在'巩固、增强、提升、畅通'八个字上下功夫。更多采取改革的办法，更多运用市场化、法治化手段，巩固'三去一降一补'成果，增强微观主体活力，提升产业链水平，畅通国民经济循环，推动经济高质量发展。"这是2019年的一项重大任务，我们要认真贯彻执行。

一、推进供给侧结构性改革是重大理论和实践创新

提出推进供给侧结构性改革，并将之作为经济工作的主线，是以习近平同志为核心的党中央在深刻分析、准确把握我国现阶段经济运行主要矛盾基础上作出的重大决策，是继提出新发展理念之后的又一个重大理论和实践创新。

"十二五"时期以来，我国经济运行面临的诸多矛盾和问题，既有供给侧的，也有需求侧的，既有周期性的，也有结构性的，但主要矛盾是供给侧结构性的，其深层根源是体制机制问题。这是由国际和国内多方面的因素决定的。从国际看，2008年国际金融危机导致世界经济陷入衰退，而且持续时间长，复苏艰难曲折，导致全球贸易持续低迷，对我国出口造成很大冲击，成为加剧国内产能过剩和经济下行的重要因素。从国内看，进入新世纪以后，在我国加入世贸组织、全球经济与贸易快速增长、国内经济处于周期上升阶段等多重有利因素推动下，我国经济增速连续多年在10%左右，2001—2008年出口和投资年均增长20%以上，带动众多行业产能井喷式增长。2008年以后为应对国际金融危机的冲击，采取了力度很大的刺激政策，财政支出扩张加上货币信贷大量投放，推动基础设施建设、房地产和制造业投资进一步扩张，许多行业产能大幅增长。这是由于投资具有双重功能：在扩大总需求的同时，也增加了投资品供给。同时，由于供给结构调整滞后于居民收入快速增长所带动的消费结构升级，因而使供给侧结构性矛盾不断积累。2011年以后，国内房地产、制造业和基础设施建设投资相继进入了调整减速期，外需萎缩和内需减速叠加使我国经济进入了周期下行阶段，"水落石出"，供给侧结构性矛盾集中暴露。国内外经验证明：以货币信贷的超常规扩张带动投资从而推动经济增长的政策是不可持续的，一般都会带来资本的边际效率递减，并伴随产能过剩和债务率攀升，留下很大隐患。2015年党中央提出推进供给侧结构性改革，并作出我国经济运行主要矛盾是供给侧结构性矛盾的正确判断，强调用改革的办法推进经济结构调整，重点解决供给侧结构性矛盾，增强供给结构对国内外需求变化的适应性和灵活性，提高供给体系质量和资源配置整体效率，促进全社会总供求格局向高水平跃升。这是我国宏观经济理论和政策的重大创新，意义深远。

供给侧结构性改革是对马克思主义政治经济学的创新发展，同西方经济学的供给学派根本不是一回事。它既强调供给又关注需求，既突出发展社会生产力又注重完善生产关系，既发挥市场在资源配置中的决定性作用又更好发挥政府作用，既着眼当前又立足长远，既包括改善商品和服务供给又包括改善体制机制和制度供给，强调用改革的办法解决供给侧结构性矛盾。供给侧结构性改革是以人民为中心的发展思想的体现，归根结底是要使我国供给能力更好满足人民日益增长的美好生活需要，从而实现社会主义生产目的。

3年多来，推进供给侧结构性改革取得了阶段性重大成果。"三去一降一补"和"破、立、降"深入推进。钢铁、煤炭行业"十三五"去产能目标任务基本完成。一大批"散乱污企业"出清。去库存取得成效。去杠杆稳步推进，宏观杠杆率基本稳定。降成本持续发力，2018年减税降费规模约1.3万亿元。补短板成效明显，创新驱动、基础设施、脱贫攻坚、城乡统筹发展、民生建设、生态环保等领域投入力度加大。供给侧结构性改革使经济结构优化，高耗能行业增速明显回落，高技术制造业、装备工业快速发展，分享经济、平台经济、数字经济等领域新产品、新业态、新模式发展迅速。重点行业供求关系发生明显变化。经济效益明显改善，债务扩张趋势得到缓解，系统性风险发生概率趋降。应当看到，近几年特别是 2018 年由于国际环境变化，我国经济下行压力较大。在这种情况下，经济增长一直保持在 6.5%—6.9% 的合理区间，成绩来之不易。实践充分证明，党中央作出的推进供给侧结构性改革的决策是完全正确的，是改善供给结构、提高经济发展质量和效益的治本之策。

二、推进供给侧结构性改革是适应我国社会主要矛盾和经济发展阶段变化的必然要求

习近平总书记在党的十九大报告中明确指出："我国社会主要矛盾已经转化为人民日益增长的美好生活需要和不平衡不充分的发展之间的矛盾。"他还指出："我国经济已由高速增长阶段转向高质量发展阶段。"这两个重大论断赋予推进供给侧结构性改革新的更高要求和更重要意义。满足人民日益增长的美好生活需要，解决发展不平衡不充分问题，推动经济高质量发展，都要求深化供给侧结构性改革。

几年来供给侧结构性改革虽然取得阶段性重大成果，但我国经济运行的主要矛盾仍然是供给侧结构性的，供给体系的结构、质量和效率明显不适应社会主要矛盾转化和经济发展阶段变化的要求，整个经济难以实现良性循环和高质量发展。

满足人民日益增长的美好生活需要，是我国经济社会发展的根本出发点和落脚点，是以人民为中心的发展思想的集中体现。然而，长期以来我国经济发展一直存在重投资轻消费、重速度轻结构、重数量轻质量的倾向，以致许多消费品低端产能过剩，而质量、性能优良的产品供不应求。进入新时代，随着我国居民收入水平持续提高，消费需求已经从数量型逐步转向质量型，对产品质量尤其是食品、药品的质量和安全要求越来越高。现在我国中等收入群体超过4亿人，尤其是80后、90后的消费群体正在成为主流的消费人群，他们更关注商品品质和服务。消费品供给结构升级滞后已成为消费品市场扩大的严重障碍。与此同时，服务性消费不仅相对于物质产品消费的比重上升，而且范围不断拓宽、日益多样化，对于服务质量的要求也越来越高。但是，我国服务业发展与需求增长明显脱节，其中有两个短板更为滞后：一是生产性服务业发展滞后，既制约了制造业转型升级，也妨碍了国民经济整体效率提高和成本降低。二是医疗、教育、育幼、养老等服务业发展滞后，同人民群众日益增长的美好生活需要之间的矛盾越来越突出。良好的生态环境、洁净的水和空气也是人民群众对美好生活的迫切需要，而发展方式转变滞后、高排放产业比重高导致各类污染仍然高发。这些问题都需要推进供给侧结构性改革来解决。

我国经济正处在转变发展方式、优化经济结构、转换增长动力的攻关期，跨越关口、实现高质量发展必须推进供给侧结构性改革。比如，供给侧创新不足导致很多关键设备、核心技术和高端产品依赖进口。尽管我国是世界第一的制造大国，但是总体上处于全球产业分工和价值链的中低端，缺乏核心技术和著名品牌，产品的技术附加值较低，国内的高端产品市场多掌握在外国企业手里。例如，数控机床大量依赖进口德国和日本的设备。从 2013 年起我国已成为全球最大的工业机器人市场，2017 年

70%以上的机器人从日本、德国、瑞士等国进口。芯片90%以上靠进口，2017年进口额达2600亿美元，相当于石油进口额的1.6倍。许多关键核心精密元器件也都靠从国外引进。又如，近些年我国供给侧要素成本快速上升，而要素生产率呈现下降趋势，正面临高端制造业向美国等发达国家回流，中低端制造业向要素成本低的发展中国家迁移的困扰。突破这种前堵后追的挤压和核心技术被"卡脖子"问题，关键在于把提高供给体系质量作为主攻方向，紧扣重要战略机遇新内涵，加快经济结构优化升级。要通过质量变革、效率变革、动力变革，提升科技创新能力，不断提高全要素生产率。供给侧结构性矛盾，还表现在金融和实体经济失衡。金融"脱实向虚"、许多资金在实体经济体外循环，企业特别是小微企业融资难融资贵。前些年虽然货币乘数和广义货币 M_2 与 GDP 的比例快速上升，但是实际利率水平和实体经济融资成本却居高不下。一方面实体经济的杠杆率升高、债务负担加重，另一方面金融部门不良资产比例上升、风险积聚，这说明金融资源的错配严重、金融结构和传导机制不合理。要深化金融改革，调整金融结构，坚持结构性去杠杆的基本思路，按照坚定、可控、有序、适度要求，在发展中逐步化解风险隐患，促进形成金融和实体经济、金融和房地产、金融体系内部的良性循环。房地产和实体经济失衡，也是供给侧结构性矛盾的表现。前些年房价上涨过快刺激房地产投资盲目扩张。在采取抑制房价上涨措施之后，房地产市场进入低速调整期，库存大量增加，房地产市场的结构性问题突出。要加快建立多主体供给、多渠道保障、租购并举的住房制度，改革完善住房市场体系和保障体系，促进房地产市场平稳健康发展。解决供给侧结构性矛盾，根本在于加快推进与供给侧结构性矛盾相关的体制机制改革。供给侧既包括商品和服务供给，也包括体制机制和制度建设的供给。这两个方面的供给存在密切关系。供给侧结构性矛盾的积累和加深，究其原因就在于导致它产生和发展的体制机制改革滞后。因此，必须用改革的思路和办法才能从根本上有效解决供给侧结构性矛盾。

推进供给侧结构性改革，不仅对我国经济中长期持续健康发展至关重要，而且是当前形势下稳增长的重要举措。强调着力推进供给侧结构性改革，并不是认为需求侧不重要。供给和需求是经济内在关系的两个基本方面，两者互相依存、互为条件。没有供给，需求就无法满足，新的供给可以创造新的需求。没有需求，供给就无法实现，新的需求可以创造新的供给。市场经济是需求导向型经济，现在强调推进供给侧结构性改革，恰恰是因为需求居于重要地位，供给的总量和结构必须同需求总量尤其是需求结构的发展变化相适应。拉动经济增长的需求包括消费、投资和出口，三者的作用各不相同又有紧密联系。要通过供给侧结构性改革充分发挥三者的增长潜力和互相促进作用，稳定总需求，并使总需求增长与预期经济增长目标相匹配。

　　一要充分释放消费需求潜力。现在消费需求已经超过投资需求成为我国经济发展的主要引擎，但目前居民消费对经济增长的贡献率从国际比较看仍然偏低。要通过推进供给侧结构性改革稳就业、加强基本公共服务、加强基本民生保障、精准脱贫、完善消费环境、培育消费新增长点等多措并举，抑制消费需求增长放缓趋势，充分发挥消费需求增长潜力和对经济发展的基础性作用。

二要重视并发挥投资需求对于稳增长、调结构的关键性作用。要加强基础设施建设，确保财政支出对重点领域和项目的支持力度。促进有效投资特别是民间投资合理增长。创新项目融资方式，适当降低基础设施等项目资本金比例，用好开发性金融工具，吸引更多民间资本参与重点领域项目建设；落实民间投资支持政策，有序推进政府和社会资本合作。

三要努力促进外贸稳定增长。2018 年，我国货物进口比上年增长 12.9%，出口比上年增长 7.1%，进出口顺差明显缩小，这个趋势 2019 年还可能延续。因此，要通过深化供给侧结构性改革优化出口结构、提高出口商品和服务质量，拓展出口市场多元化，稳定出口市场份额，在扩大进口的同时，努力保持国际收支基本平衡。

三、在"巩固、增强、提升、畅通"八个字上下功夫

李克强总理在《政府工作报告》中强调，要继续坚持以供给侧结构性改革为主线，在"巩固、增强、

提升、畅通"八个字上下功夫。这是深化供给侧结构性改革、推动经济高质量发展的总要求，具有很强的针对性和指导性。

巩固"三去一降一补"成果，是供给侧结构性改革再出发的立足点。3年多来的实践证明，去产能、去库存、去杠杆、降成本、补短板，抓住了供给侧结构性矛盾的要害，是推进供给侧结构性改革的重要抓手。推进供给侧结构性改革过程中不可避免会遇到一些困难和挑战，要保持战略定力，在巩固已有成果基础上，更多采取改革的办法，更多运用市场化、法治化手段，加大"破、立、降"力度，稳步推进企业优胜劣汰，依法处置"僵尸企业"，推动更多产能过剩行业加快市场出清，释放大量沉淀资源。在经济下行条件下，"僵尸企业"出清的难度较大，短期的阵痛难以避免。要合理引导社会预期，尽量控制和减少阵痛，妥善处置企业债务，做好人员安置工作和社会托底工作。同时，着力推进体制机构改革和建设，激发市场主体内生活力和动力。要实施更大规模的减税，普惠性减税和结构性减税并举，重点降低制造业和小微企业税收负担。

深化增值税改革，将制造业等行业现行 16% 的税率降至 13%，将交通运输业、建筑业等行业现行 10% 的税率降至 9%，确保主要行业税负明显降低。目前企业反映负担重，一个重要原因是各种收费多、收费高。要明显降低企业社保缴费负担，下调城镇职工基本养老保险单位缴费比例，各地可降至 16%；继续执行阶段性降低失业和工伤保险费率政策。综合各项减税降费措施，2019 年全年减轻企业税收和社保缴费负担近 2 万亿元。继续大力降低实体经济成本，清理涉企收费，加大对乱收费的查处和整治力度；深化电力、石油天然气、铁路等行业改革，自然垄断行业要根据不同行业特点实行网运分开，将竞争性业务全面推向市场，降低企业的用能、用网和物流等成本。一般工商业平均电价 2019 年再降低 10%；持续推动网络提速降费，2019 年中小企业宽带平均资费再降低 15%，移动网络流量平均资费再降低 20% 以上。深化"放管服"改革，降低制度性交易成本。与此同时，要加大脱贫攻坚、农业农村、水利、生态环保、社会民生、能源、交通基础设施等领域补短板投资力度。

增强微观主体活力，是供给侧结构性改革取得成效的关键。要充分发挥市场在资源配置中的决定性作用，政府要坚决把不该管的事项交给市场，最大限度减少对资源的直接配置，审批事项应减尽减，确需审批的要简化流程和环节，让企业多用时间跑市场，少费功夫跑审批。大力推进改革开放，打造法治化、国际化、便利化的营商环境，进一步缩减市场准入负面清单，推动"非禁即入"普遍落实。下大气力优化民营经济发展环境，破除歧视性限制和隐性障碍，落实保护产权政策，依法惩处侵权行为，激发企业家精神，让企业家安心搞经营、放心办企业，促进民营经济发展升级。政府要以公正监管促进公平竞争，改革完善竞争审查和公正监管制度，加快清理妨碍统一市场和公平竞争的各种规定和做法。用公正监管管出公平、管出效率、管出活力。破除妨碍各类生产要素跨所有制、跨部门、跨地区流动的壁垒，加大反垄断、反不正当竞争力度。按照竞争中性原则，在要素获取、准入许可、经营运行、政府采购和招投标等方面，对各类所有制企业平等对待。

提升产业链水平，既是供给侧结构性改革的重要目标，又是有效应对复杂多变、竞争加剧的国际环境对我国发展不利影响的正确选择。要以推进中国制造向中国创造转变、中国速度向中国质量转变、制造大国向制造强国转变为目标，强化科技创新，大力培育新动能，促进新兴产业加快发展。深化大数据、人工智能等研发应用，培育新一代信息技术、高端装备、生物医药、新能源汽车、新材料等新兴产业集群，壮大数字经济。坚持包容审慎监管，支持新业态新模式发展，促进平台经济、共享经济健康成长。加快在各行业各领域推进"互联网+"。进一步把大众创业万众创新引向深入，鼓励更多社会主体创新创业，加强全方位服务，发挥双创示范基地带头作用。推动传统产业改造提升，围绕推动制造业高质量发展，强化工业基础和技术创新能力，促进先进制造业和现代服务业融合发展，加快建设制造强国。打造工业互联网平台，拓展"智能+"，为制造业转型升级赋能。支持企业加快技术改造和设备更新，将固定资产加速折旧优惠政策扩大至全部制造业领域。制造业是国民经济的支柱，要注重利用技术创新和规模效应形成新的竞争优势，加快解决关键核心技术的"卡脖子"问题。促进新技术、新组织形式、新产业集群形成和发展。提高适应全球新一轮技术变革、产业变革和经贸规则变化的能力，保持我国完整产业体系和制造业在经济中的比重，提升我国在全球供应链、产业链、价值链中的地位。

畅通国民经济循环，是提高供给体系质量和效率、推动经济高质量发展的基本条件。以生产为起点经过流通、分配到达消费为终点的周而复始的循环通畅，社会扩大再生产才能正常进行。要加快建立统一开放、竞争有序的现代市场体系，促进形成强大国内市场，持续释放内需潜力。这是疏通国民经济循环的原动力。要着力加快建设实体经济、科技创新、现代金融、人力资源协同发展的产业体系。疏通科技创新和实体经济结合的障碍，加大基础研究和应用基础研究支持力度，强化原始创新，加强关键核心技术攻关；健全以企业为主体的产学研一体化创新机制，扩大国际创新合作；全面加强知识产权保护，健全知识产权侵权惩罚性赔偿制度，促进发明创造和转化运用。疏通金融服务实体经济的障碍，有效缓解实体经济特别是民营和小微企业融资难融资贵问题，改革完善货币信贷投放机制，引导金融机构扩大信贷投放、降低贷款成本，精准有效支持实体经济；加大对中小银行定向降准力度，释放的资金全部用于民营和小微企业贷款；完善金融机构内部考核机制，激励加强普惠金融服务，切实使中小微企业融资紧张状况有明显改善，综合融资成本有明显降低。与此同时，要疏通人力资源和实体经济需求的结构性障碍，疏通政府各部门协同为市场和企业服务的障碍。这些都是疏通生产、流通、分配、消费循环障碍的必要条件。破除这些障碍，才能形成国内市场和生产主体、经济增长和就业扩大、金融和实体经济的良性循环。